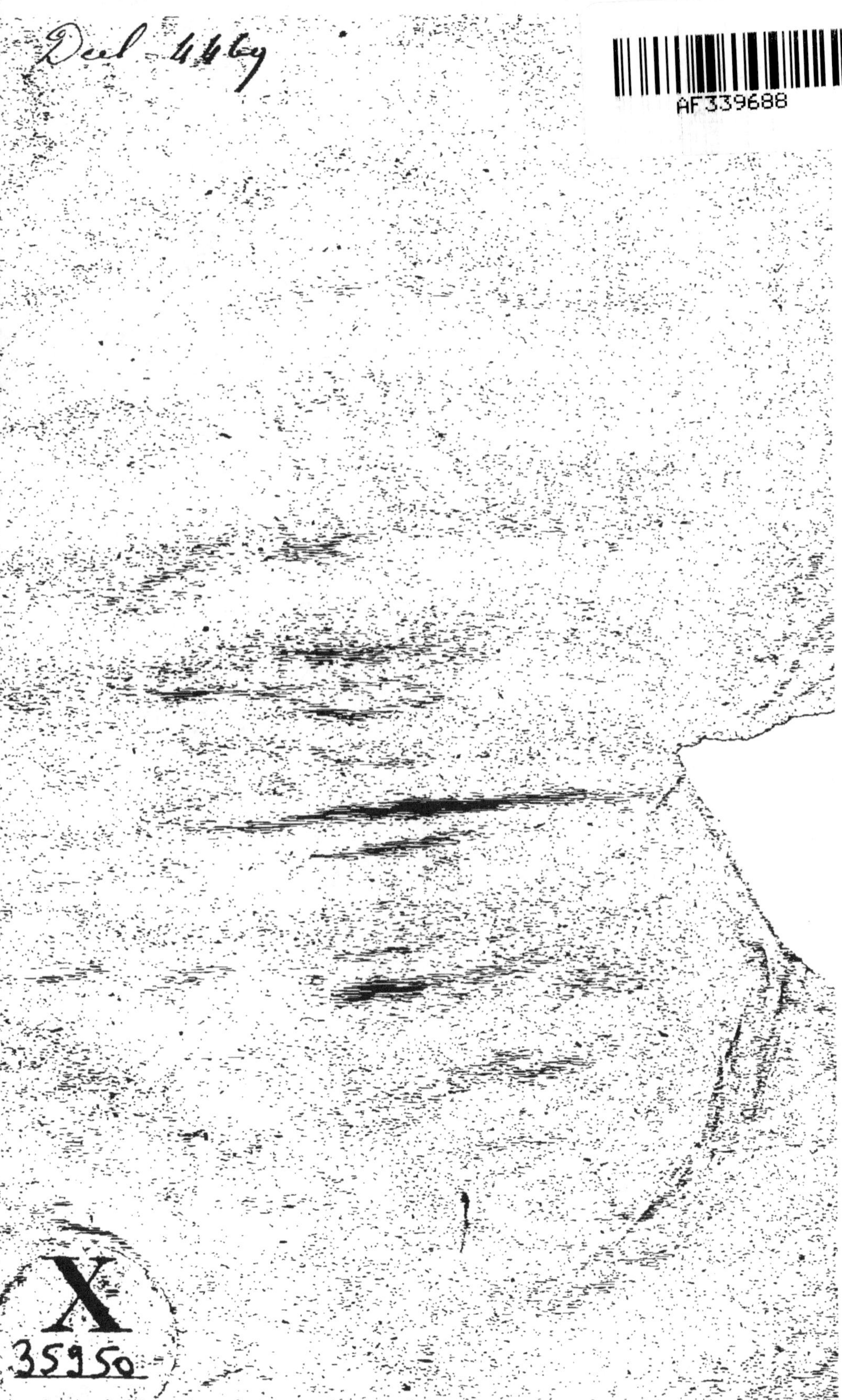
Deel 446g
AF339688
X
3550

# TRAITÉ

## DE

# LA PRONONCIATION LATINE.

Lyon.—Imprimerie d'Ant. Périsse.

# TRAITÉ

## DE

# LA PRONONCIATION

## LATINE,

### PAR M. L'ABBÉ AYRALD DE LACOMBE,

PRÊTRE DU DIOCÈSE DE MENDE.

## LIBRAIRIE CLASSIQUE DE PERISSE FRÈRES

<table>
<tr><td>LYON</td><td>PARIS</td></tr>
<tr><td>ANCIENNE MAISON<br>GRANDE RUE MERCIÈRE, N. 33,<br>ET RUE CENTRALE, 63.</td><td>NOUVELLE MAISON<br>RUE DU PETIT-BOURBON, N. 18,<br>angle de la place S.-Sulpice.</td></tr>
</table>

1851

# AVERTISSEMENT.

Il est surprenant que sur tant d'auteurs qui se sont si fortement et si utilement appliqués, dans les divers ouvrages qu'ils ont composés , à tracer les règles les plus propres au perfectionnement de la lecture française , il ne s'en trouve pas un qui ait songé à entreprendre de donner une notice exacte , claire et entière des principes propres à diriger dans la lecture de la langue latine.

Touché donc à la vue du peu de cas qu'on fait de l'art de bien lire une langue si riche et si noble, et que nous regardons avec bonheur comme la langue de la religion catholique, nous essayons, malgré notre faiblesse, d'exécuter ce que beaucoup d'autres, bien plus capables que nous sans doute, ont négligé; le désir que nous avons d'entendre prononcer avec grâce une langue qui a toutes nos sympathies, nous faisant un devoir de présenter au public une méthode capable, selon nous, d'y conduire sûrement.

A cet effet, nous distinguerons des règles générales et des règles particulières, que nous rendrons en termes fort courts, et en même temps assez clairs pour pouvoir être compris des intelligences les plus bornées.

Prononcer toutes les lettres, selon toute leur valeur, donner aux syllabes le son qui leur convient, et élever ou abaisser la voix sur certaines de ces dernières avec telle ou telle modification, c'est ce qui paraîtra dans les règles générales.

Donner aux voyelles, aux consonnes et aux diphthongues telle ou telle propriété, suivant la position qu'elles occupent, c'est ce que nous tâchons d'expliquer dans les règles particulières.

Nous serons très-heureux, si, par le moyen de cet opuscule, nous parvenons à produire l'effet auquel nous nous attendons avec confiance, qui est, ainsi que nous l'avons déjà dit, de rectifier, dans la plupart de nos bien-aimés concitoyens, la manière d'articuler une langue si justement appelée langue de Cicéron.

# DE LA PRONONCIATION

## LATINE.

Pour bien prononcer le latin, il faut observer trois règles générales.

### PREMIÈRE RÈGLE GÉNÉRALE.

La première règle générale, pour bien prononcer le latin, consiste à faire sentir toutes les lettres, tant consonnes que voyelles.

Ainsi, 1° dans le cas de redoublement de consonne, on donne à chacune le son qu'elle aurait, si elle était prononcée séparément : *Abbas* fera donc *Abe-bas; accedo—ak-cédo; additio—ade-ditio; ef-fundere—efe-fundéré; error—ère-ror; esse—èce-cé; guttur—gute-tur; nonne—none-né; nullus—nule-lus; occidere—ok-cidéré; occumbere—ok-cumbéré;*

1

*pinna—pine-na; pinnirapus—pine-nirapus; porri-*
*gere—pore-rigere; torrens—tore-rens; vallis—vale-*
*lis; collis—cole-lis; vellicare—vele-licare,* etc.

2° Si une lettre termine un mot et en commence
un autre, on met un moment de repos presque im-
perceptible entre les deux mots, afin que la lettre
puisse fournir le son qui lui est propre; ainsi : *Deus*
*sapiens* se prononce *Deuce-sapiens; dixit Tacita—*
*dixite-Tacita; membrum meum—membrome-meum.*

## SECONDE RÈGLE GÉNÉRALE.

La seconde règle générale a pour objet de donner
aux syllabes le son grave ou aigu, pur ou nasal.

Le son devient grave par l'avancement et l'arron-
dissement des lèvres; au contraire, il devient aigu
par leur contraction.

Le son est pur quand il sort en grande partie par
la bouche; il devient nasal, quand il sort en petite
partie par la bouche, et en grande partie par le nez.

## TROISIÈME RÈGLE GÉNÉRALE.

La troisième règle générale se fonde sur l'accent (*cantus*), qui n'est autre chose qu'une inflexion de voix sur certaines syllabes.

On fait cette inflexion de voix, en élevant ou en abaissant la voix : dans le premier cas, c'est l'accent aigu ; dans le second, c'est l'accent grave.

On la fait aussi en élevant et en abaissant la voix successivement : c'est l'accent circonflexe.

Aujourd'hui, l'accent aigu seul est marqué, et encore ne l'est-il que dans la liturgie.

Il était parfaitement inutile de marquer l'accent grave, attendu que l'inflexion grave se fait naturellement sur la syllabe que précède celle qui admet l'accent aigu.

Quant à l'accent circonflexe, il est suffisamment remplacé par l'accent aigu, puisque, dans telle position donnée (premier *nota*, page 12), on remarque aussitôt que la voix, après s'être élevée, baisse nécessairement sur la même syllabe.

Si donc on se livre à la lecture du latin, et que l'accent n'occupe point la place qui lui est dévolue, on doit suppléer avec soin à cette lacune, d'après ce que nous allons énoncer.

1° Si les mots sont dissyllabes, l'accent doit toujours porter sur la pénultième : *ámo, ágo, áper, óvis, égo, mórsus, prórsus, sáltem, támen*, etc.

2° S'ils sont polysyllabes, et que la pénultième soit longue de sa nature, elle porte l'accent : *docére, monére, subíre, períre, portáre, paráre*, etc. ; mais si la pénultième est brève ou douteuse, c'est l'antépénultième qui reçoit l'accent, quelle que soit sa quantité : *accípere, díscere, atténdere, porrígere, occídere, obstrúere, redargúere, cáthedra, fúnebris, ténebræ*, etc.

NOTA 1° Toute pénultième longue de sa nature prend l'accent circonflexe, et par conséquent est prolongée de deux temps ; ainsi, on prononcera *ácta, áltum, ála, flúmen, máter, éjus, únum, amábam, legébam, docébam*, etc., comme s'il y avait *aacta, aaltum, aala, fluumen, maater, eejus, uunum, amaabam, legeebam, doceebam*, etc.

Néanmoins l'accent aigu seul, qui a pour objet de donner à la syllabe qui le reçoit une prolongation d'un temps et demi, se fait sentir lorsque le mot qui renferme cette pénultième est suivi d'un monosyllabe qui n'en peut être séparé par un repos : *amátum est, múta nox, contempláti sunt*, etc. Il en est

de même dans tous les autres cas ; ainsi : *cáthedra,
fúnebris, pátria, flúminis, mátribus, páter, míhi,
dátus, bónus, venúmdatus,* etc.

Mais il se fait à peine sentir, s'il est placé sur
l'antépénultième *Dóminus est, mínimus sum, plá-
cida pax, rúbeum cor, óptima lux, pósitus est, ócci-
dit nox, óculus est, párvula vox, mórtui sunt, mó-
nitus sum, sollicita est,* etc.

Nota. 2° Dans les mots suivis des enclitiques *ne*
(dubitatif), *que, ve, ce, met,* etc., ou de *ne* (interro-
gatif), ou de *cum* renvoyé après le mot qu'il régit,
la particule est censée faire partie du mot, et l'accent se place d'après les règles précédentes : *Senéca-
que, Socratésne, égomet, érgone, putásne, illeque,
istúmce, ipsamet, vobíscum, Paulúsne.*

Nota. 3° Dans la liturgie, la pénultième, quoique
brève, au vocatif des mots en *ius,* prend l'accent :
*Gervási, Ambrósi, Protási, Gregóri,* parce qu'on
disait autrefois *Gervásie, Ambrósie, Protásie, Gre-
górie,* etc.

Nota 4° Dans la lecture des vers, on observe les
mêmes règles que pour la prose. Seulement, quand
un dissyllabe dont la première partie est brève, est
précédé d'un monosyllabe avec lequel il forme un
dactyle, l'accent porte sur le monosyllabe : *núm
páter, túnc Deus, síc dedit, ést modus,* etc.

On prononce les douteuses d'après la quantité qu'elles ont dans les vers.

Nota 5° Toutes les syllabes qui précèdent l'accent doivent durer un temps entier, sans jamais le dépasser : *mag-ni-fi-cábimus*, *a-ma-vérimus*, *præ-par-ti-ci-pa-ti-ónem*, *Na-bu-cho-do-no-sórem*, etc.

Nota 6° Le latin prononcé familièrement n'admet pas d'accent circonflexe.

# RÈGLES PARTICULIÈRES.

## PREMIÈRE PARTIE.

### DES VOYELLES ET DES LETTRES DOUBLES.

#### *De l'a aigu.*

L'*a* est aigu :

1° Lorsqu'il est à la fin d'un mot : *Roma*, *rosa*, *œthera*, *sidera*, *suspiria*, etc. Cependant *a* (préposition) : *supra*, *Juda*, *intra* (préposition), *infra*, *circa*, *contra*, donnent le son grave.

2° Lorsqu'il est suivi d'une consonne dans la même syllabe : *Abbas*, *altum*, *arcus*, *artus*, *rabbi*, *rabboni*, *Aggœus*, *sabbatum*, *manna*, *allegoria*, *ars*, *alleluia*, etc. Cependant les terminaisons en *ar* : *Amilcar*, *par*, *impar*, *compar*, *lar*, *Issachar*, etc., sont prononcées par quelques-uns avec le son grave;

mais cette opinion ne paraît pas devoir être pré-
férée.

3° Lorsqu'il est placé dans une syllabe non sou-
mise à l'accent : *animábus, famulábus, anathéma,
Aminadab, Banáiam, Pentateúchus, Abágares, ca-
vernósus, cavillátio*, etc.

### De l'a grave.

1° *A* accentué à l'antépénultième : *lábitur, amá-
bitur*, est grave.

Néanmoins cette règle reçoit exception, lorsqu'il y
a dans le mot français qui correspond au mot latin
un *a* aigu placé dans la même syllabe : *fámulus* —
familier , *ánimal* — animal, *Amalech* — Amalech,
*Abraham*—Abraham, *Hábacuc*—Habacuc, *Ráguel*
—Raguel, *Sálomon*—Salomon, *pátruus*—paternel,
*cháritas*—charité, etc.

2° *A* accentué à la pénultième : *cánis, mánus,
ámen, ánimabus, páter, máter, Adam, áer, Máhum,
Sárug, Achab*, est grave.

3° *A* suivi dans le même mot d'un *z* ou d'une *s*,
l'un et l'autre prononcés avec le son doux (*ze*), est
grave : *Masinissa, asotus , Asopis , Asia , asilus ,
Protasius, Gervasius, casus , nasus, Nazareth , La-
zarus, Mazarinus*, etc.

### De l'e.

Il y a trois sortes d'*e*, savoir : l'*e* fermé, l'*e* ouvert aigu, et l'*e* ouvert grave.

### De l'e fermé (é).

1° *E* terminant ou formant une syllabe à part est fermé : *littera, teneo, tego, lego, debilis, eludere, edere, ejus, elucere,* etc.; *littéra, ténéo, légo, éjus,* etc.

2° *E* suivi de l'*x* au commencement d'un mot, et même au milieu d'un mot composé, est fermé, lorsque l'*x* est suivie d'une voyelle : *exilium, exitus, examen, exaudire, exhalare, exasperare, exordium, exhorrere, exigere, exhumare, inexorabilis, inexhaustus, superexaltare,* etc. : *éxilium, éxamen, inéxorabilis, inéxhaustus,* etc.

### De l'e ouvert aigu (è)

1° *E* suivi d'une consonne dans la même syllabe est ouvert aigu : *ecce, en, error, ergo, esse, indemnis, rectus, tellus, terra, plecto, tecto, Melchior, sed,*

*et, nec, Lamech, pestis, bellum, vermis*, etc. ; *èn,
èrror, Mèlchior*, etc.

2° *E* suivi d'une *x* à la fin d'un mot, et même au
commencement, lorsque dans ce dernier cas l'*x* précède une consonne autre que l'*h*, est ouvert aigu :
*ex, obex, rex, supellex, excavare, excitare, excan-
descere, excantare, excedere, excellere, excoquere,
extemplo, excusare, excutere*, etc.; *èx, rèx, obèx*,
etc.

3° *E*, lorsqu'il se trouve dans le corps d'un mot
indécomposable, est ouvert aigu, s'il est suivi d'une
*x*, soit que cette *x* précède une voyelle, soit qu'elle
précède une consonne : *amplexus, annexus, con-
nexus, contextus, correxi, nexus, textus, mexica-
nus, vexare ; amplèxus, corrèxi, tèxtus, mèxicanus,
vèxare*, etc.

### De l'e ouvert grave (ê).

L'*e* est ouvert grave dans les finales des mots en
*es* et en *er* : *es, apes, homines, boves, aves, inanes,
suaves, œther, aer, inter, per, affer, refer ; ès, apès,
aèr*, etc.

### De l'i.

L'*i* est naturel ou accidentel.

### De l'i naturel.

1° *I* formant une syllabe à part garde le son qui lui est propre.

2° *I* est aussi naturel dans la préposition *in* prise séparément, ou adjointe même à quelque mot, pourvu qu'elle soit suivie d'une voyelle : *inexauditum, inhabilis, inintelligibilis, inexpertus, inexcusabilis, inextinguibilis*, etc.

3° Il en est de même dans les finales en *im* et en *in : Joachim, sitim, vim, sim, adsim, fuerim, audierim, amaverim, Benjamin, Jamin, Sin, Cain*, etc.

4° On doit en dire autant, lorsque l'*i* est suivi dans le même mot de deux *m* et de deux *n : immaculatus, immaterialis, immensus, immobilis, immortalis, innocens, innovare, innasci, innatare, innectere, inniti, innocuus, innuba, innumerabilis, tintinnabulum, pinna, pinniger, pinnirapus*, etc.

5° Enfin *i* garde cette même prononciation dans tous les mots où il ne se trouve pas de nasalité, comme dans *utrimque, Methymna, hymnus*, etc.

### De l'i accidentel.

*I* prend le son accidentel toutes les fois qu'il est suivi
d'une *m* ou d'une *n* nasale ; or, l'*m*, ainsi que nous le
verrons plus bas, devient nasale devant le *b* ou le *p*, et
l'*n* devant toute autre consonne qu'elle-même dans
le corps du mot : *imbellis, imber, imbibere, imbecil-
lis, imprimere, impuber, impugnare, impingere, im-
placatus, implere, imponere, imperfectio, impossi-
bilis, sint, absint, decantaverint, monuerint, scrip-
serint, legerint, intelligibilis, deinde, fingere, vin-
cere, inferre,* etc.

### De l'o.

Il y a deux sortes d'*o* : l'*o* aigu et l'*o* grave.

### De l'o aigu.

1º *O* accentué à l'antépénultième est aigu, s'il a
son correspondant dans un mot français, et que ce
correspondant se trouve lui-même aigu : *dóminus*
—dominer, *quóties*—quotient, *chólera*—colère, *có-
nicus*—conique, *trópicus*—tropique, *Trophónius*—

Trophonius, *tólerans* — tolérant, *corpóreus* — corporel, *Próteus*, etc. Cependant l'o de *Proteus* deviendrait grave, si l'on faisait de ce mot un dissyllabe.

2° *O* accentué à l'antépénultième est aigu, lorsqu'il est suivi dans le même mot d'une *l*, d'une *m*, d'une *n*, d'une *r*, ou lorsqu'il précède une syllabe renfermant un *i* : *Jechonias, Jezonias, morior, potior, notior, dolium, domina, olidus, tonitru, motio, morere, Homerus, oleum, olera, ponere, prologus, floridus, providus, bonitas, colimus, otium, proximus, Moïses, socius, stoicus, mobilis, nobilis, hominis, volumen, coluber, volucres*, etc.

3° *O* suivi d'une consonne dans la même syllabe est aigu : *hortus, omnis, pontus, pontifex, ordo, mordere, corpus, solvere, resolvere, tollere*, etc.

4° *O*, au commencement ou dans le corps d'un mot, est aigu, s'il n'est point accentué : *oraculum, orator, admonebam, dominabus, doceremus, opulentus, opusculum, poneremus, componebam*, etc. Cependant o, dans *nobiscum, vobiscum, Salomon*, est grave.

### De l'o grave.

1° *O* final est grave : *tuo, templo*, etc.

2° *O* accentué à l'antépénultième est encore grave : *devóverim, ródere, sóceri, tróchlea, vócula, vógesus, próavus, prócubo, pródeo, prótuli, scópula, tógula, fódere, fóvea, lóculi, lóculus, lócuples, módulus*, *móveo, nóceo*, etc. , excepté lorsqu'il est suivi d'une syllabe contenant un autre *o* aigu : *soboles*, etc.

3° Il en est de même, lorsque l'*o* est accentué à la pénultième : *óro, póno, dómus, lócus, dónec, quódam, cóquus*, etc.

4° *O* a le même son dans les datifs et ablatifs en *ibus* : *domibus, corporibus, atrocibus, opibus, præconibus, moribus, floribus, fullonibus, sacerdotibus, ovibus*, etc.

5° *O* est aussi grave devant les lettres *ui*, soit qu'elles en soient séparées par une consonne, soit qu'elles en soient séparées par deux : *intonui, potui* (verbe), *potui* (substantif), *lotui, socrui, monui, nolui, posui, motui*, etc.

6° *O* est grave dans *os* final : *os, bos, nos, quos, vos, compos, impos, nepos*, etc., bien que quelques-uns le fassent aigu.

7° *O* est enfin grave lorsqu'il est suivi d'un *z* gardant le son qui lui est propre, ou d'une *s* ayant le même son que le *z* : *dolosus, formosus, Mosa*,

*Mosella, Moses, Osee, quosdam, eosdem, Osa, rosa-rius, rosa, Tolosa, ozymum,* etc. Néanmoins, lorsqu'après le *z* ou l's vient un deuxième *o* dont le son est aigu, le premier cesse d'être grave : *Nabuchodonosor, philosophia, Sozomenes,* etc. La même exception a lieu ponr les noms propres dans lesquels *o* est suivi de *si* ou de *zi* : *Ochosias, Ozias, Oziel.*

### De l'u.

L'*u* est naturel ou accidentel.

### De l'u naturel.

1° *U* terminant une syllabe garde le son qui lui est propre : *cornu, stupor, crudelis, puer, Samuel, Phanuel, Emmanuel.*

2° *U* suivi d'une consonne dans la même syllabe a le même son, pourvu que cette consonne soit autre que l'*m* ou l'*n* : *turtur, murmur, purgare, pugnare, puppis,* etc.

3° Il en est de même de l'*u* suivi d'une *n* terminant un mot : *nun—nu—nc,* etc.

4° *U* suivi d'une *m* ou d'une *n* est encore naturel,

lorsque l'*m* ou l'*n* précède une voyelle : *munificus,
punicus*, *humor*, *municipalis, numisma, Numidœ,
Numitor*, etc.

NOTA. *U* ne se fait pas sentir, lorsqu'étant dans
le corps d'un mot, il suit un *g* et précède un *o :
distinguo* , *languor* , *extinguo*, excepté dans *arguo,
redarguor, ambiguo, contiguo, exiguo* et leurs dérivés.

Il ne se fait pas non plus distinguer, lorsque, venant après un *q*, il précède un *o : quo*, etc.

### *De l'u accidentel.*

1° *U* suivi de la lettre *m* sert à former avec elle le
son *om*, bien qu'une voyelle vienne après l'*m*, dans
les mots qui admettent *circum : circumagere, cir-
cumire, circumornatus, circumamictus*, etc.

2° *U* suivi d'une *m* ou d'une *n* dans le corps d'un
mot, soit que cette *m* ou *n* soit redoublée, soit qu'elle
précède une autre consonne, forme avec l'*m* ou l'*n*
qui le suit le son *om* ou *on*, avec ou sans la nasalité,
selon les circonstances : *umbella, umber, umbo, um-
bra, circumcidere, quantumvis, summitus, summo-
pere, nummi, Hunni, fungor, fundus, defunctus,
punctum*, etc. Il y a exception pour *nunc, tunc*,

*hunc*, *cunctari*, *cunctus*, qui prennent le son accidentel *cun*.

3° *U* suivi d'une *m* à la fin d'un mot aide aussi
à produire le son *om* : *dominum*, *Jesum*, *Christum*,
etc.

4° *U* venant après un *g* ou un *q*, et précédant un
*a*, prend le son *ou* : *aqua*, etc. ; néanmoins il garde
le son qui lui est propre dans *arguam* , *redarguam*,
*ambigua* , *contigua* , *exigua* , et les dérivés de ces
mots.

# SECONDE PARTIE.

## DES DIPHTHONGUES.

1° Les diphthongues *œ*, *œ* suivent les règles de l'*e :*
*quœrens, quœstio—quérens, quéstio.*

2° Les lettres *au* font la diphthongue $\overline{au}$, prononcée avec le son grave (toutefois on prononce *holo-
caustum, holocaumata,* avec le son aigu), au commencement et dans le corps des mots : *autem, causa,
auctor, centaurus, Faustus, pauper, Paulus, Sau-
lus,* excepté dans *Saülis, Maümam.* A la fin des
mots, les lettres *au* se prononcent séparément : *Saül,
Emmaus, Menelaus.* Cependant on trouve *aut, laus,
thau,* qui font la diphthongue $\overline{au}$.

3° Les lettres *ei* font diphthongue seulement dans
*eleison* (en plain-chant), *heï, proreï, penteï , Prome-
theï, Proteï, deïn, deïnde, deïnceps.* Toutefois ces six
derniers mots peuvent se prononcer sans diphthongue.

4₀ Les lettres *eu* font la diphthongue $\overline{eu}$, prononcée avec le son grave, au commencement et dans le corps des mots : *neuter, Deuteronomium, Pentateuchus, Seleucus, Zaleucus, euge.* A la fin des mots, elles se prononcent séparément : *deus, meus.* Nonobstant cette règle, on trouve néanmoins *neu, seu, ceu, heu, heus, eheu,* qui se prononcent en diphthongue. *Penteus, Prometheus* et *Proteus* sont ad libitum.

5° Si après le *g* on trouve les lettres *ua*, on a la diphthongue $\overline{oua}$ : *impinguare, lingua, pinguarius, distinguam,* etc. Toutefois il faut excepter de cette règle les mots composant l'exception faite au 4° de la page 25.

6° Si après le *g* on trouve les lettres *ue, uæ*, on a la diphthongue $\overline{ue}$, $\overline{uæ}$ : *linguæ, unguen, unguem, unguentum, pinguescere, pinguedo, pinguetudo, langueo, languesco, distinguere, exstinguere, restinguere,* etc. On excepte aussi les mots ci-dessus : *ambiguæ, exiguæ, redarguæ,* se prononceront donc sans diphthongue; il en sera de même dans *Raguel.*

7° Si après le *g* on trouve les lettres $\overline{ui}$, on a la diphthongue *ui* : *anguilla, anguiculus, anguicomus, anguifer, anguipes, anguitenens, Guillelmus, languidus, linguis, pinguis, pinguarius, sanguis, sanguinolentus, unguis, unguiculus.* ( Mêmes exceptions que dans les deux cas ci-dessus.)

8° On obtient aussi : 1° la diphthongue $\overline{ua}$, lorsque les lettres *ua* sont précédées d'un *q* : *aqua, qualis, quamobrem, quamvis, quamdiu, quando, quare, quantum*, etc.; 2° les diphthongues *ue*, *uæ*, *ui*, lorsque les lettres au moyen desquelles elles sont formées suivent un *q* : *quæcumque, quævis, quæro, quælibet, liquet, aliquis, quibus, loqui, persequi, consequi*, etc.

8° On peut prononcer avec ou sans diphthongue les lettres *ui*, précédées de *c* : *cui, cuicumque, cuiquam, cuique, cuivis*, etc.

# TROISIEME PARTIE.

## DES CONSONNES.

### B.

*B* a pour son naturel *be* et pour son accidentel *pe*.

*B* devant *s* ou *c* dans le même mot prend mieux le son accidentel. *Absalon, absens, abscondere, abstergere, absum, absumo, obcœcare,* donneront donc *Ap-salon, ap-sens, aps-condere, aps-tergere , ap sum, ap-sumo, op-cœcare,* etc.

### C.

*C* a pour son naturel *ce* et pour son accidentel *k*.

*C* est naturel devant *e, i : celare, cedere, cibus, Alcibiades,* etc.

1° *C* à la fin des mots prend le son accidentel : *ac,
nec.*

2° Devant *a, o , u,* ou devant une consonne quelconque, il a le même son : *capere, caput, coram,
curare, occasus, pectus, actus, ictus,* etc.; *kaput, koram, kurare, iktus,* etc.

3° Il en est de même, lorsqu'il est suivi de *he, hi :
chirographus, orchis, chelys, chelydros, orchestra :
kirographus, orkis, kelys, kelydros, orkestra.*

D (1) G.

Le *g* a le son de *ghe* ou de *jé.*

1° On le prononce avec le son de *ghe* devant *a, o,
u, he, hi,* et à la fin des mots : *Agag, Gabriel, Gorgon, Golgotha, gula, gustus, Ghilanum, guttur,* etc.
Il a le même son devant une consonne quelconque :
*agglomerare, agglutinare, agnus, Agnes, ignis, magnus,* etc. ; *aghe-glomerare, aghe-glutinare. aghe-nus,
Aghe-nes,* etc.

2° Le *g* prend le son *jé* devant *e* et *i : angelus,
Ægyptus, Gebal, alienigena,* etc.

_______________

(1) Les consonnes *d,  f, j,  k, l,  q, r, v,* gardent toujours
leur son naturel.

## H.

*H* n'a d'autre effet que de donner un son particulier aux lettres *c*, *g*, *p* et *t*, comme on le voit en parlant de chacune de ces lettres. Elle sert encore à séparer dans certains cas deux voyelles, de manière à leur donner un son distinct qu'elles n'auraient pas en son absence; ainsi les lettres *au* dans *Mahumetanus* auront leur son propre, au lieu que si l'*h* ne les séparait pas, elles formeraient une diphthongue.

## M.

*M* prend le son de l'*n* nasale devant *p* et *b* : *symphonia* , *importunitas*, *lympha*, *imperium*, *exemplum*, *extemplo*, *implicatus*, *implorare*, *imponere*, *imber*, *umbrosus*, *imbrifer*, *imbellis*, *Cimbri*, *cymba*, etc. ; *sinphonia*, *inber*, etc. Partout ailleurs elle se prononce *me*.

Nota. On trouve écrit dans certains auteurs *utcunque*, *eundem*, *tantundem*, *quanvis* , *quantunvis*, *quanquam*, *qualiscunque*, *quicunque*. Ces mots doivent être prononcés de la même manière que s'ils renfermaient une *m* : *utcum-que*, *eum-dem*, *tantumdem* , *quam-vis* , *quantum-vis* , *quam-quam* , *qualis-cum-que*, *quicum-que*.

## N.

1° *N* se prononce avec le son pur au commencement et à la fin des mots : *non-none, sin-sine, en-ène, nun-nune, quin-quine,* etc.

2° Elle a le même son, lorsqu'elle est redoublée : *innatus—ine-natus, innocens—ine-nocens, tintinnabulum—tintine-nabulum, Cincinnatus—Cincine-natus, tinniens —tine-niens, innixus — ine-nixus,* etc.

3° Il en est de même, lorsque, se trouvant dans le corps d'un mot, elle est suivie d'une voyelle précédée même d'une *h : inhabilis, inhabitare, inextinguibilis, inintelligibilis, inevitabilis,* etc.

Partout ailleurs elle est nasale : *pensum, tendere, incomprehensibilis, unquam, tandem, inter,* etc.

Nota. On lit dans bien des auteurs *tamdiu, quamdiu ;* il faut prononcer, en faisant une nasalité, *quan-diu, tan-diu,* quelle que soit l'orthographe de ces mots.

## P.

Il prend le son *fe,* lorsqu'il est suivi d'une *h : Phares, Pharaon, Putiphar, Pharphar, symphonia ; Fares, Faraon,* etc.

Partout ailleurs il garde le son qui lui est propre.

## S.

*S* est naturelle ou accidentelle.

### *De l's naturelle.*

*S* garde le son naturel *ce* au commencement et à la fin des mots : *sapiens, Deus, salus, mors,* etc.

Elle disparaît, il est vrai, devant le *c*, lorsque ce lui-ci précède un *e* ou un *i* au commencement d'un mot : *scire, scelus,* etc. ; *cire, celus,* etc. Mais il en est autrement, lorsqu'elle se trouve devant le *c* précédant un *e* ou un *i* dans le corps d'un mot : *resus- citare, rescindere, ascendere, descendere,* etc. ; *re- suce-citare,* etc. On doit en dire autant, lorsqu'elle est suivie de *c* précédant *a, o, u* : *Scopas, scutum, scabellum, scabies, scholasticus, scomber, Ascanius, Ascalaphus, Ascalon, ascoles,* etc. ; *Ce-copas, Ace- canius,* etc.

*S* retient encore le son naturel, lorsqu'elle est re- doublée, ou que, se trouvant dans le corps d'un mot, elle est suivie d'une consonne : *esse, adesto, festum, pestis,* etc. ; *èce-cé, adècé-to,* etc.

Enfin elle prend le même son dans le corps d'un mot, pourvu qu'elle soit précédée d'une consonne :

*absumere, consumere, consummare, absorptio, ab-sinthium, absimilis, absilire,* etc. Toutefois il y a exception ,pour les mots *balsamum, balsamia,* où l'*s* prend le son du *z* : *balzamum,* etc.


## De l's accidentelle.


1° *S* prend le son du *z* naturel, lorsqu'elle se trouve placée entre deux voyelles : *Misach, miser, osellus, causa, Pisistrates, præsul, præsidere, præsidium, præses, præsagire, præsepe, præsagium, prosum , prosilire, proseucha , Proserpina, prosapia, resistere, resultare,* etc. ; *Mizach , mizer, azellus, cauza, Pizistrates,* etc. Cependant elle se prononce avec le son ordinaire dans *Melchisedech* et dans les mots qui peuvent se décomposer : *deservire, desudare, desum, desuper, desursum, desaltare, desacrare, desecare, desidere, desudescere, desuefacere , desurgere , præsecare , præsentire , præsepire, præsegmen , præsum , præsignis , præsuere, præsudare, prosecta, prosecare, proseminare, proserere, prosocer, prosubigere, resarcire, resalutare, resarcire, resanescere, reseminare, verisimilis, resurgere* (se lever de nouveau), *resumere* (prendre de nouveau), *præsumere* (prendre auparavant), *prose-*

*qui* (aller derrière, suivre, faire cortége, accompagner ) , etc. ; *Melchi-cedech, de-cervire, de-çudare,* etc.

On dit cependant *præsumere* (présumer), *resurgere* (ressusciter ) , *resumere* (résumer) , *prosequi* (poursuivre), comme si ces mots étaient écrits avec un *z* : *prozequi, præzumere, rezumere, rezurgere.*

2° Elle prend encore le son accidentel à la seconde et à la troisième personne du parfait passif ou déponent : *datus est, amatus est, confessus est ; datu-zest, amatu-zest, confessu-zest,* etc.

3° Elle prend le même son dans les composés de *trans : transire, transigere, transactio, transalpinus, transadigere,* comme aussi dans *Transylvania, transylvanus,* bien qu'indécomposables.

4 Enfin elle retient le même son lorsqu'elle précède le *b* ou le *d : Lesbos, Asdrubal, Isboseth, Esdras, presbyter, iisdem, ejusdem, cujusdam, Thisbæ,* etc.

**T.**

*T* garde ordinairement le son naturel : *tibia, tiara, Eucharistia, amnistia, quæstio, ostium, commixtio,* etc.

Il devient accidentel, c'est-à-dire qu'il prend le son de *ce*, lorsqu'étant dans le corps d'un mot, il est placé après une lettre autre que l's ou l'*x*, et est suivi d'un *i* précédant une autre voyelle : *portio, attentio, dictio, optio, lectio, adoptio, motio, sitio, vitium, otium, initium, etiam, monitio, ambitio.*

## X.

*X* se prononce ordinairement avec le son naturel *kce* ; mais par exception elle prend le son *gze*, 1° lorsqu'elle est précédée d'un *e* qui commence le mot et suivie d'une voyelle : *exilium, exemplum, Exuperus, exire, exoneratus, exasperatus, exustus, examen*, etc.; 2° lorsqu'elle commence elle-même le mot : *Xaverius, Xantippus, Xerxes*, etc. ; *Gzaverius, Gzantippus*, etc. ; 3° lorsqu'elle se trouve dans le corps d'un mot qui se décompose de telle manière qu'elle occupe la tête de la seconde partie du mot : *Artaxerxes*, etc. ; *Artagzerxes.*

1° *Z* prend le son dur à la fin des mots, comme aussi dans le corps des mots, lorsqu'il se trouve suivi d'une consonne : *Rodriguez—Rodrigué-ce, Jezrahel—Jèce-rahel*, etc.

2° Il a le son doux dans tous les autres cas : *zelotypia, zelus, Zacharias, Zebedœus.*